Live

Arletha Orr

Todas las citas bíblicas en esta publicación son de Reina Valera 1960. El texto bíblico ha sido tomado de la versión Reina-Valera © 1960 Sociedades Bíblicas en América Latina; © renovado 1988 Sociedades Bíblicas Unidas. Utilizado con permiso. Reina-Valera 1960 ™ es una marca registrada de la American Bible Society, y puede ser utilizada únicamente bajo licencia.

VIVE. Copyright © 2021 Todos los derechos reservados – Arletha Orr

Ninguna parte de este libro puede ser reproducida o transmitida en cualquier forma o por cualquier medio, ya sea gráfico, electrónico o mecánico, incluyendo fotocopias, grabaciones, cintas o sistemas de recuperación de información, sin el permiso escrito del editor.

Por favor, dirige todas las consultas sobre derechos de autor a
Kingdom Trailblazers
c/o Author Copyrights
Apartado de correos 767
Flora, MS 39071

ISBN en rústica: 978-1-7379781-3-8

Diseño: Kingdom Trailblazers Publishing

Impreso en los Estados Unidos.

Dedico este libro a Lil Michael, Mikilah y Michael...
¡#teamAllen! Todos ustedes estarán por siempre en mi
corazón. ¡Los quiero!

En primer lugar, quisiera dar las gracias a Dios por permitirme ser ministro y ayudar a otros a superarse. Sé y comprendo que Él es soberano, y que todo sucede por una razón. Después, gracias a mi familia por estar conmigo en cada paso del camino. Finalmente, a la autora Lorieen por animarme y empujarme a seguir adelante cuando quería rendirme.

Contenido

El Plan 7

¿Quién soy? 17

Santificación y Unción 26

Corazón Roto 34

Destrozada pero sanada 44

Resentimiento y Shock 55

Saliendo de Lodebar 60

La protección de Dios 65

La vida después de la muerte 71

El Plan

◆

Porque yo sé los pensamientos que tengo acerca de vosotros, dice Jehová, pensamientos de paz, y no de mal, para daros el fin que esperáis.

– Jeremías 29:11

Te has preguntado alguna vez, *"¿Por qué estoy aquí? ¿A qué estoy destinado? ¿Cómo será mi vida cuando sea mayor? ¿En qué me convertiré en la vida? ¿Cuál es mi propósito?"* Se trata de cosas que a menudo nos preguntamos cuando ya sabemos la respuesta. Hemos nacido con un propósito y un destino. En ocasiones, es posible que no queramos aceptar quién o qué estamos destinados a ser, pero eso no detiene el plan de Dios. El camino ya está trazado, así que debemos descubrirlo y caminar en él.

Desde antes de nacer, Dios ya había inculcado en nosotros los dones y los talentos que necesitaríamos más adelante en la vida, como se afirma en Jeremías 1: 5 *"Antes que te formase en el vientre te conocí, y antes que nacieses te santifiqué, te di por profeta a las naciones"*.

Al fin y al cabo, Dios sabía quiénes íbamos a ser y en qué íbamos a convertirnos; depende de nosotros conectar con el propósito y dejar que se manifieste.

Desde siempre he sabido que quería ser empresaria y servir a los demás. Al proceder de una familia de buen corazón, era algo natural en mí. A medida que crecía, veía a mi abuela alimentar a personas que no conocía. Aún contando con siete o más nietos en casa, y con un marido, siempre invitaba a gente de la iglesia o de la tienda a venir a comer con nosotros y se aseguraba de que fueran atendidos. Creo que puedo decir que he heredado algunas de sus características.

Me crié en la iglesia. Mi madre se aseguraba de que asistiéramos a la escuela dominical, a la clase de Biblia, a la escuela bíblica de vacaciones, a los avivamientos, al servicio de adoración y mucho más. Lo único que conocíamos era la iglesia. Tiene gracia, porque cuando me hice mayor, no me gustaba demasiado la escuela dominical. Cuando era más joven era divertida y emocionante, pero cuando pude ir por mi cuenta, se volvió aburrida, así que dejé de asistir. A pesar de mi educación espiritual, me alejé de Dios.

¿Te has alejado alguna vez de Dios? ¿Cómo te sentiste? ¿Te sentiste perdido? Al alejarme, me sentí perdido y vacío. Tenía alrededor de 23 años y estaba frustrado con la iglesia. Me parecía que las cosas no iban bien en mi vida, así que quería probar algo diferente y hacer lo mío.

La decisión que tomé era errónea, pero tenía curiosidad por ver cómo sería mi vida si dejaba de cantar y orar. Deseaba ver qué se sentía al vivir como quería vivir y hacer lo que quería hacer, sin sentirme mal por ello. Quería estar "fuera", como dirían los jóvenes.

Era consciente de que a Dios no le gustaría. Todavía asistía a la iglesia todos los domingos, tocando el piano, pero fuera de esas puertas, estaba viviendo mi mejor vida, o eso creía. Tenía la vida de un pagano. Estaba atrapada en mi mente, pero pensaba que lo había logrado. Nunca he sido el tipo de persona que disfruta ir al club, sin embargo estaba fornicando y bebiendo sin arrepentimiento, pensando que estaba bien si todavía iba a la iglesia, pero no era así.

Lo correcto era, y sigue siendo, la santidad a los ojos de Dios. Mi carne estaba complacida pero mi espíritu estaba desconectado y vacío. El mejor aspecto de la reincidencia o de la falta de amor es que aún debemos volver a Dios y retomar el plan que Él tiene para nosotros. Mi caso no era una excepción.

Siempre que estés desconectado de Dios, no habrá paz. Tal vez pienses que tu vida es buena, pero con Dios, es mejor. Sabía que no estaba en buenas condiciones con Dios, y sabía que Él no quería que estuviera en ese lugar.

Me prometí a mí mismo que no me quedaría fuera de Su voluntad por mucho tiempo. Sabía que tenía que volver a estar en buenas condiciones para que Él me usara y para que yo cumpliera mi propósito. Estaba asustada porque no quería que Dios soltara sus manos de mí. No quería quedarme atrapado en el pecado para siempre o morir en mi pecado.

Yo entiendo que puedes querer vivir una vida rápida por cualquier razón, pero no vale la pena. Te garantizo que no hay mejor manera de vivir la vida que con Jesús. Debemos confiar en Dios y ser guiados y dirigidos por lo que Él nos diga que hagamos.

Al vivir nuestra vida para Dios y permitir que Él nos guíe, la vida es mejor. Eso no significa que no vayamos a pasar por cosas, pero si lo hacemos, Él nos fortalecerá en el proceso para superarlo. La Biblia nos dice eso.

¿Sabes lo que Dios requiere de ti? Nuestra oración diaria es que Dios me use para su gloria y que todo lo que haga le agrade. Me tomó 30 años con algunas penas, pruebas y tribulaciones, pero puedo decir que he descubierto mi propósito. Sé lo que estoy llamado a hacer. Cuando tengas esa revelación, tu vida cambiará.

¿Cómo sabes lo que estás destinado a hacer? ¿Cuál es el plan que Dios tiene para tu vida? Es necesario pasar tiempo de calidad con Dios para averiguarlo. Prepárate para estar en comunión con Él, ayunando y orando. Dios te dirá exactamente qué es lo que quiere que hagas.

Todos tienen un propósito en la tierra. El propósito de uno puede ser animar o ayudar a otros. Algunos pueden ser llamados a ser médicos y abogados. Algunos pueden ser llamados a ser veterinarios. Algunos pueden ser llamados a predicar la Palabra de Dios para romper las cadenas de la esclavitud. Sea lo que sea, Dios te dará instrucciones divinas sobre cómo lograrlo y operar en ese don.

Bienaventurados los que tienen hambre y sed de justicia, porque ellos serán saciados. – Mateo 5:6

Ahora que has descubierto tu propósito, ¿estás dispuesto a pasar por el proceso para cumplirlo? Esto es duro y por favor no te alarmes, pero oramos para que la gloria de Dios se revele en nuestras vidas y para que caminemos rectamente con Él, pero eso no se consigue fácilmente.

¿Estás preparado para los desafíos que vienen con él? ¿Estás preparado para la mentira, la murmuración, la ira, la decepción y la soledad?

Puedes responder "no" porque nadie está preparado, pero eso no detiene Su plan. ¡Dios requiere más de ti! En el momento en que decides vivir una vida agradable al Señor, es cuando los ataques del enemigo se hacen más fuertes. ¡No te alarmes! Dios te hará salir adelante y todo es para Su gloria.

Dios quiere que deseemos más, pero es un proceso. No permitas que el enemigo te derrote diciéndote que te rindas o que no puedes hacerlo. Tú eres más que un conquistador y puedes superar cualquier cosa que venga contra ti. Si persiguieron a Jesús, ¿por qué íbamos a estar exentos? Si la unción fuera barata, todos la tendrían.

Mi oración diaria, en un momento de mi vida, era que Dios permitiera que la gente lo viera a través de mí y que yo ejemplificara sus características. Así es como quería vivir mi vida. Creía que era una oración maravillosa y poderosa, ya sabes, ser la niña de los ojos de Dios.

Pero un día los problemas llamaron a mi puerta y cambié mi confesión. Sí. ¡Ya no quería decir esa oración porque permitía que mi circunstancia obstaculizara lo que era agradable a mi Padre! Ya no quería que lo que se necesitaba para que Dios fuera glorificado en mi vida.

Una vez que alguien o algo te hiere hasta la médula, te replanteas muchas cosas. ¿Puedo ser realista por un segundo? Estaba dolida y confundida. No quería asistir a la iglesia. No tenía a nadie con quien hablar de lo que estaba pasando porque nadie me creería. Lo máximo que podía hacer era volver a Dios y orar. Durante el proceso, Él me recordó la oración y la confesión que hice.

Me preguntó: *"¿No quieres todavía ser como Yo? Si yo tuve que soportar, ¿por qué tú no?"*. Quise ser terco y quedarme en mi carne, pero me arrepentí, pedí perdón y volví al camino. No es fácil el camino cuando se desea agradar a Dios, pero no hay que rendirse.

Independientemente de lo que pasemos en la vida, debemos querer glorificar a Dios a través de todo ello. Sé que se hace difícil y que uno se cansa en el camino, pero no podemos permitir que las personas y las situaciones nos hagan cambiar nuestra confesión. Si esto ocurre, arrepiéntete y vuelve a Dios.

Dios sigue siendo Dios y si nos lleva a ello, ya ha preparado el camino para que lo superemos. A pesar de que duele pasar por ello, debemos saber que al final ganaremos y tendremos la victoria. Vale la pena ser especial a los ojos de Dios. Voy a pasar por ello para siempre si, al final, gano.

Puntos a considerar

1 - ¿Cuál es tu propósito en la vida?

_____

_____

_____

2 - ¿Te sientes cómodo donde estás?

_____

_____

_____

3 - ¿Qué deseas de Dios?

_____

_____

_____

Meditación

¿Quién soy?

◆

Antes que te formase en el vientre te conocí, y antes que nacieses te santifiqué, te di por profeta a las naciones.

– Jeremías 1:5

¿Estás viviendo tus sueños o viviendo los sueños de los demás? La mayoría de las veces nos ocupamos de los demás pero nos descuidamos a nosotros mismos. Un ministro me dijo una vez que me mantuviera en forma. Me dijo: *"Donde Dios te lleve, tendrás que estar en forma y con buena salud"*.

Bueno, me tomó años obtener la revelación y he ganado unos cuantos kilos desde la última vez que hablamos. Pero ahora que recuerdo lo que Dios dijo, debo ponerme en

Live!

posición. Algunos pueden no creer en profecías o palabras habladas de Dios, pero yo sí.

Si Dios habla, hay que obedecer. No hay duda de ello. Cuando Dios te ha ordenado algo, quiere asegurarse de que eres capaz de llevar a cabo la tarea. Él no nos dirá que hagamos algo que no podamos hacer. Tenemos que recibir orientación e instrucciones de Él. ¿Qué has hecho con lo que Él te ha dado?

A menudo, las personas son etiquetadas a una edad temprana. Algunos pueden escuchar que nunca serán nada. Otros pueden escuchar: "¡Serás igual que tu padre! No eres bueno". No dejes que eso te impida ser quien Dios te ha llamado a ser. Si Dios fue capaz de liberar a esas personas en la Biblia, puede hacerlo por nosotros.

Si alguien viene de un hogar abusivo, ya sea verbal o físicamente, tú tienes un propósito. Para alguien que creció en un hogar monoparental, tú tienes un propósito. Para ese niño o niña que fue abusado pero no pudo decírselo a nadie, tú tienes un propósito. Para esa ex prostituta o drogadicta, ¡tú tienes un propósito! Todo el mundo tiene un propósito.

Fíjate en lo que digo yo, Arletha, a la que todos llaman Vonda. Me crié en Flora, un pequeño pueblo de Mississippi. Soy la mayor de tres hermanos.

Al crecer, sabía que Dios tenía un propósito para mi vida, pero no estaba segura de cuál era. Cuando tenía 15 años empecé a tocar el piano para una iglesia y un año después ya era músico a tiempo completo.

Si eres músico, o estás familiarizado con el estilo de vida, entonces entiendes que es una gran tarea a una edad tan temprana. Mi padre siempre decía: "Mientras sepas tocar el piano, nunca te arruinarás".

En el año 2000, con 16 años, ganaba un mínimo de 600 dólares al mes. ¡Pensaba que era rica! Ser capaz de ganar mi propio dinero a una edad temprana, sin el estrés de un trabajo, me inculcó el espíritu empresarial. Entonces supe que un día querría ser jefe y tener una empresa que se hiciera mundial.

Pero antes de ganar "mucho dinero", soñaba con ser profesora en la escuela secundaria. A mi abuelo siempre le pedía que le leyera el correo o que le hiciera un concurso de ortografía, aunque él nunca podía deletrear las palabras. Siempre me llamaba su maestro de escuela. Yo se lo leía dos veces, a veces tres, para asegurarme de que lo entendía.

Para cuando llegué al instituto, cambié de opinión y quise ser pediatra. No hace falta decir que ninguna de las dos cosas funcionó.

Mi tía se compró un ordenador y yo la visitaba para jugar con él e imprimir cosas. En caso de que tuviera problemas con el ordenador, me llamaba para que lo arreglara. A partir de ahí, empecé un negocio/afición y lo llamé Vonda's Graphics.

No sabía mucho sobre el espíritu empresarial en ese momento, pero estaba decidida a ser diferente. Todo lo que sabía era que estaba destinada a hacer grandes cosas.

Primero hice tarjetas de visita y programas para iglesias locales y propietarios de negocios. Nadie en mi familia era empresario porque siempre nos enseñaron a ir a la escuela, obtener una buena educación y conseguir un buen trabajo. Yo, en cambio, sabía que había algo más.

Fui a la escuela para ser Asistente de Enfermería Certificada y Enfermera Registrada, pero no seguí la carrera. Finalmente, decidí hacer Tecnología de la Información Sanitaria (HIT). Gracias a las tecnologías de la información, pude trabajar tanto en el campo de la medicina como en el de la informática. Estaba entusiasmada. Sabía que había encontrado mi carrera porque los ordenadores y la electrónica eran lo mío.

Pasando a los 23 años, di a luz a mi preciosa hija. No sabía nada de ser madre. Tenía miedo y estaba nerviosa. Este no era el plan que tenía para mi vida, pero así fue. Como ves, yo era la chica tranquila de la iglesia, y quedarme embarazada sin estar casada no formaba parte del plan. Estaba disgustada conmigo misma, pero sabía que quería amarla y crear el mundo perfecto para ella.

Durante el embarazo, el médico me dijo que mi bebé nacería con anemia falciforme. No quería eso para ella. Cada mañana, me ponía las manos en el estómago y oraba por ella. Le pedía a Dios que me diera la sabiduría necesaria para cuidarla y para que tuviera una vida sana y buena.

Después de dar a luz, ella fue bendecida. Nunca tuvo que pasar la noche en el hospital ni le hicieron transfusiones de sangre, lo que es normal en los pacientes con anemia falciforme.

¡Dios la favoreció! ¡Estaba sana, feliz y amada!

Antes de conocer a mi marido, había renunciado a casarme. Solo tenía 27 años, pero pensaba que era demasiado vieja y pensaba que nadie querría a una mujer con un bebé que no fuera suyo. Le dije a Dios que había dejado de intentarlo a mi manera y que confiaría en Él.

Entonces, Él decidió bendecirnos con un marido y un padre. En mayo de 2012, conocí al hombre de mis sueños y nos casamos en mayo de 2013. Mientras fuimos novios, nunca discutimos.

A ninguno de los dos nos gustaba la confusión. Nunca tuvo problemas para hacer algo por mí o por mi bebé. Aunque tenía dos hijas, trataba a mi bebé como si fuera suyo. Para cualquier cosa que necesitáramos, él siempre estaba ahí.

Live!

Dios había enviado al hombre perfecto. Pasaba tiempo con nuestra hija, le enseñaba a montar en bicicleta, le ayudaba con los deberes y rastrillaba las hojas. Una vez hizo una declaración atrevida, diciendo: "¡Mamá, la comida de papá sabe mejor que la tuya!". Me reí, pero lo acepté de buen grado. Así que, como puedes ver, él también hacía la mayor parte de la cocina.

En 2014, Dios dijo que mi familia no estaba completa y decidió añadir al #TeamAllen. El 31 de diciembre de 2014, dimos a luz a un bebé activo y saltarín. ¡Oh, vaya! Todos queríamos un hijo varón y nos alegramos mucho cuando llegó. Algunas personas dicen que los niños pequeños son "malos", pero yo no diría eso. Simplemente creo que son más activos y curiosos. ¡Hombre! Nuestro hijo era muy cariñoso, atento y enérgico.

Después de nuestra boda, decidí dedicarme a la planificación de eventos, una habilidad que mi "madre de juegos" me inculcó a los 21 años. Mi marido estuvo ahí en todo momento. Cómo echo de menos esos días. Yo no hacía ningún tipo de levantamiento. Todo lo que yo hacía era prepararlo y él se encargaba del resto.

Tenía la familia perfecta, el plan perfecto y la historia perfecta. No vi venir todo esto para mi vida. Yo era feliz. Ellos eran felices. Aunque eso es solo el principio, sabía que había más por venir. Soy madre, esposa y empresaria. ¿Quién eres tú?

Si tienes sueños y deseos especiales, descubre tu propósito y ve a por él. No dejes que nadie ni ninguna situación te impida seguir adelante. En el fondo, sabes lo que estás destinado a hacer pero tienes miedo. Quiero recordarte que nunca lo has perdido. Enfréntate a tu miedo. ¡Levántate y ve tras lo que Dios te ha llamado a hacer! Él te guiará por el camino correcto.

Recuerdo que cuando era joven, solía tener sueños y visiones, pero no tenía idea de lo que significaban. Pensaba: *¿Por qué tengo estos sueños que se hacen realidad? ¿Quién es este ser que me ha hecho?* Fue cuando crecí y comencé a estudiar la Biblia, que supe cuál sería mi destino.

¡Dios sabe TODO sobre ti! Incluso después de que aprendas lo que se supone que debes hacer, Él todavía tiene más que enseñarte y mostrarte. Confía en Él en el proceso.

Puntos a considerar

1 - ¿Quién eres TÚ?

_____

_____

_____

2 - ¿Quién o qué aspiras a ser?

_____

_____

_____

3 - ¿Estás haciendo lo que Dios te ha llamado a hacer?

_____

_____

_____

Meditación

Santificación y Unción

---◆---

Luego tomarás el aceite de la unción, y lo derramarás sobre su cabeza, y le ungirás.

– Éxodo 29:7

Cuando éramos pequeños, nos enseñaron que podíamos pecar y hacer lo que quisiéramos, si íbamos a la iglesia. ¿Qué es el pecado? El pecado es cualquier acto o palabra que decimos que no sería agradable a los ojos de Dios. Se nos enseñó la salvación, pero no la santificación. Cuando veíamos a cierto grupo de personas vestidas de cierta manera o actuando de cierta manera, los clasificábamos como "santificados".

Las personas santificadas usaban vestidos todo el tiempo y no podían usar maquillaje. Permanecían en la iglesia por lo menos cuatro horas cada vez que iban. Nuestra percepción de ser santificado era errónea. ¿Qué es ser santificado o santificación? Según Webster, santificación significa "el estado de ser santificado, que significa estar libre de pecado, purificado, santidad".

¡Vaya! Nuestro estilo de vida y lo que nos enseñaron fue lo opuesto a eso. Ahora, no estoy tirando piedras a nadie, porque realmente creo que nos enseñaron lo que los ancianos sabían y entendían, pero yo sabía que tenía que ser algo más grande.

"La gente de la iglesia" pagamos nuestros diezmos fielmente cada domingo y sin embargo estamos luchando, tratando de llegar a fin de mes. Haces lo que se requiere pero parece que nunca es suficiente. Quieres renunciar a la vida porque nada parece ir bien, pero algo en tu interior te dice que sigas adelante. Debe haber un camino mejor y lo hay, así que no te rindas. Ya casi estás ahí.

Dios quiere que vivamos en abundancia. Efesios 3:20 dice, *"Y a Aquel que es poderoso para hacer todas las cosas mucho más abundantemente de lo que pedimos o entendemos, según el poder que actúa en nosotros"*.

Con la salvación y la santificación viene el Espíritu Santo, que es la razón por la que deseas ser justo y apartado, y por la que anhelas más. Su trabajo es confortarte y animarte.

Live!

Cuando te desanimas, ¿no es asombroso cómo el Espíritu Santo entra y nos levanta? Dios nos recuerda Su Palabra y Su promesa, y entonces somos fortalecidos para seguir adelante en Él.

Como nos recuerda Juan 14:26, *"Mas el Consolador, el Espíritu Santo, a quien el Padre enviará en mi nombre, él os enseñará todas las cosas, y os recordará todo lo que yo os he dicho."*

Si no eres salvo, puedes serlo hoy. Acepta a Jesús en tu vida. Romanos 10:9 nos anima, *"Que si confesares con tu boca que Jesús es el Señor, y creyeres en tu corazón que Dios le levantó de los muertos, serás salvo".*

¿Qué significa eso exactamente? Si confiesas que Jesús es el Señor, crees en tu corazón en la muerte, sepultura y resurrección de Jesús, serás salvo. Todos tus pecados han sido perdonados. ¡No es difícil y es gratis! Acéptelo hoy como su Señor.

Así que ahora hemos crecido desde la asistencia a la iglesia hasta caminar en la justicia, y estamos listos para las cosas de Dios. No estaba segura de ser salva, así que decidí rebautizarme. Quería estar seguro.

El bautismo es cuando uno se sumerge en agua, que simboliza el lavado de los pecados o la purificación. El Espíritu Santo no habita en un templo impuro.

Recuerda que, aunque estés en buena posición con Dios, eso no significa que no vayas a pasar por pruebas y tribulaciones. Cuando enfrentemos a esos gigantes, solo servirán para hacernos más fuertes.

Nuestra fe debe ser probada para que nos elevemos en nuestro caminar con Cristo. Dios quiere que vivamos en abundancia; por lo tanto, se requiere crecimiento. La pregunta es, ¿qué se requiere para su crecimiento?

El ungimiento es el derramamiento del espíritu de Dios sobre sus vasos elegidos. Durante los tiempos bíblicos, cuando alguien era ungido para hacer algo, era específicamente elegido por Dios o por los líderes de Dios. Cuando eres ungido, has sido específicamente escogido por Dios para realizar una tarea.

En ocasiones nos asusta esa palabra, como debe ser, porque la unción no debe tomarse a la ligera. Es el sello de aprobación de Dios para que hagas lo que Él te ha ordenado hacer. Todo esto nos lleva a nuestro propósito y a cómo Dios nos ha ungido para cumplirlo.

¿Para qué te ha ungido Dios? La mayoría de las veces cuando pensamos en estas preguntas, nuestra mente va a la predicación. Tu llamado o propósito no tiene que ser dentro de la iglesia. Puedes ser ungido para hacer el ministerio en la cárcel o en la calle. Dios puede usarte para hacer muchas cosas.

Él ha puesto dentro de nosotros lo que necesitamos. Depende de nosotros activarlo y ponerlo a trabajar. Es

Live!

necesario ayunar y orar para recibir revelación sobre lo que Dios quiere que hagamos y cumplirlo.

Por favor, entiendan que este viaje no será fácil. Vendrá con desafíos y obstáculos pero al final, Dios es glorificado y tú estás atrayendo a la gente al Reino de Dios.

Puntos a considerar

1 - ¿Estás salvado?

_____

_____

_____

2 - ¿Para qué te ha ungido Dios?

_____

_____

_____

3 - ¿Estás preparado para caminar en tu vocación?

_____

_____

_____

Meditación

Oración

Padre, te ruego que quien lea este capítulo te acepte como su Señor y Salvador, y te permita reinar y gobernar en su vida si aún no lo ha hecho. Porque sin Ti, no podemos hacer nada. Es por medio del Espíritu Santo que somos fortalecidos y sanados.

Perdona sus pecados. Reside en sus corazones y mentes para que puedan hacer cosas agradables a tus ojos y vivir una vida justa. Úngenos, Dios, para que seamos capaces de hacer lo que nos has llamado a hacer.

Limpia y purifica nuestros corazones y mentes, para que podamos tener una pizarra limpia para alabarte y adorarte. Dios, purifica nuestra boca y nuestros oídos para que podamos hablar las cosas que son santas y solo escuchar lo que es puro.

Dios, cancelamos toda distracción que el enemigo traiga a nuestro camino. Nos mantendremos enfocados en Ti. Nuestras vidas se alinearán con Tu Palabra para que podamos atraer a otros al Reino de Dios. Haz tu camino en nuestras vidas y que se haga tu voluntad para siempre. En el nombre de Jesús, amén.

Corazón Roto

---◆---

Esforzaos y cobrad ánimo; no temáis, ni tengáis miedo de ellos, porque Jehová tu Dios es el que va contigo; no te dejará, ni te desamparará.

— *Deuteronomio 31:6*

Cuando ores y le pidas a Dios más de Él y de las cosas de Dios, prepárate para el territorio que viene con ello. Dios dio a su único Hijo para que el mundo pudiera ser salvado. ¿Qué estás dispuesto a pasar o experimentar para poder ayudar a atraer a la gente al Reino de Dios?

Ni en un millón de años pensé que tendría que soportar una tragedia. ¿Por qué? Porque soy la mujer que va a la iglesia todos los domingos, canta en el coro, predica la

Palabra de Dios y toca el piano. Dios dijo: "¡PERFECTO! Tú eres la persona que puedo usar".

Estaba en un punto de mi vida donde deseaba más de Dios porque sabía que tenía un propósito, y esa era mi oración diaria. Todo iba bien en nuestra vida hasta que llegó la tragedia. ¿Qué pasaría si todo lo que te costó construir se te escapara de las manos y desapareciera? Tal vez pienses: *¿Cómo se me ha escapado?* Cuando suelen ocurrir cosas en nuestra vida, nuestras preguntas favoritas son: "¿Qué he hecho yo para provocarlo?" o "¿Por qué yo?". La respuesta es, nada. Dios es soberano y se tiene que hacer su perfecta voluntad.

¿Recuerdas mi familia perfecta y feliz? Lo perdí todo. No puedo contarles nada acerca de haber sido abusada, acosada, o de ser una consumidora de drogas, pero puedo contarles cómo sobreviví a que mi corazón fuera arrancado de mi pecho sin aire para respirar.

Como dije antes, mi oración era que Dios me usara para su gloria. Quería que la gente viera a Dios a través de mí, y todavía lo hago. ¿Estaba preparada para el proceso que debía tener lugar para que yo creciera? Ahh, ¡no lo estaba en absoluto!

La unción tiene un costo. Por favor, no me malinterpreten. No estamos sacrificando nada por un mayor poder, pero cuando Dios se prepara para elevarte, Él debe asegurarse de que puedas manejarlo.

Live!

¿Por qué darme ocho millones de dólares, cuando no puedo manejar 800 dólares? No te alarmes porque Dios desea que queramos más. El no quiere que estemos muertos espiritualmente y que no crezcamos. ¡Todo lo que tiene vida, crece! Me recuerdo a mí misma que si esto sucede, sé que Dios me tiene cubierta y me verá a través de ello.

Lo recuerdo muy bien; era un miércoles soleado por la mañana, el despertador sonó a las 6:00, y me puse de pie de un salto. Llamé a mis hijos por su nombre y les dije: "¡Despierten! Es hora de ir al colegio".

Mi niña entraba corriendo en mi habitación y me abrazaba con fuerza. Era una sensación increíble. Mi hijo se despertaba, se frotaba los ojos y decía: "¡Mamá, come, come!".

¡Este era el comienzo de mi increíble día! La mañana de hoy no fue diferente a ninguna otra. Nos levantamos, desayunamos, nos vestimos, tuvimos nuestras conversaciones, tiempo de juego, y nos pusimos en camino para empezar nuestro día.

Nunca des por sentada la vida, porque todo puede cambiar en un abrir y cerrar de ojos. Nunca he sido una persona conflictiva y te animo a que adoptes características similares. No discutas con la gente. Si tienes un conflicto con alguien, resuelve el asunto y no guardes rencor.

Sé que todos nos enfadamos y tenemos desacuerdos, pero una vez que no estás de acuerdo, reconcíliate y vuelve a quedar bien con el otro. Nunca se sabe cuándo puede ser la última vez que estés con ellos. ¡Amor a todos!

¿Quién iba a saber que esa sería la última mañana que pasaría con mis hijos? La última vez que los vestiría o alimentaría. La última vez que recibiría sus cálidos abrazos y besos. La última vez que los dejaría en el colegio y les diría que los quiero. La última vez que escucharía: "¡Mamá, te quiero!".

Verás, teníamos una familia cariñosa y atenta. Mi marido recogía a los niños casi siempre de la guardería. Él trabajaba de noche, y yo trabajaba de ocho a cinco, así que lo conseguimos. Asistíamos como familia a todos los actos escolares y eclesiásticos.

Por supuesto, teníamos nuestros desacuerdos de vez en cuando, pero nunca nos íbamos a la cama disgustados el uno con el otro. Nos disculpábamos y nos asegurábamos de que el asunto quedara resuelto antes de echarnos a descansar.

En 2016, mi vida cambió para siempre. Estaba a punto de salir del trabajo pero necesitaba quedarme un poco más. Mi marido llamó y dijo que recogería a los bebés de la guardería. Le dije: "Genial, me quedaré un poco más en el trabajo para terminar".

Live!

Me fui alrededor de las 5:30. Parecía un día normal, como se ha dicho antes, pero entonces sonó mi teléfono. Contesté y una mujer me dijo: "¡Su marido ha sido atropellado por un tren!".

Te sorprendería saber cuánto puede procesar tu cerebro en tan poco tiempo. Estaba sorprendida. Nerviosa. Incrédula. Desconsolada. Triste. Pensé: *"Pero él tiene a los niños. Esto no puede ser cierto. ¿Podría haber identificado el vehículo equivocado? ¿Podría haber pensado que era otra persona? ¿Podría tener el número de teléfono equivocado?*

Mi corazón empezó a palpitar, mientras empezaba a sudar y a jadear. Para entonces, estaba a cinco minutos de mi casa. No sabía qué hacer. La persona que llamó me describió su vehículo y me dijo dónde debía ir. Inmediatamente me di la vuelta y me dirigí al lugar. No podía creer lo que había oído.

Mientras conducía, oré. No quería que fuera verdad. No quería que fuera mi familia ni la de nadie más. *Tal vez era otra persona con un vehículo similar, pensé. ¡Oh, Dios! ¡Pero alguien fue atropellado! ¡Alguien estaba herido!*

Llegué y salí de mi camioneta, y luego caminé hacia el lugar del accidente. Mi corazón estaba literalmente a punto de salirse del pecho, al ver el camión rojo de mi marido en la pista, casi en pedazos.

Cuando vi caras conocidas, supe que tenían que ser ellos. Si eres padre, entiendes que nuestro primer instinto cuando vemos a nuestro hijo herido, es rescatarlo. Todo lo que quería hacer era correr a la vía del tren y sacar a mis bebés del camión, pero era demasiado tarde.

Mi marido había recogido a nuestros hijos de la guardería y, cuando se dirigían a nuestra casa, fueron arrollados por un tren de Amtrak. Mi corazón se desplomó inmediatamente. Puedes imaginar los pensamientos que pasaron por mi mente. *¿Qué? ¡Dios, esto no está sucediendo! ¡Esto no puede ser real!*

Si bien no le desearía esto a mi peor enemigo, si tuviera uno, estaba rezando para que todo fuera un sueño. Es imposible que nos esté pasando esto. Hacía menos de una hora que había hablado con mi marido.

De pie, con las lágrimas corriendo por mi cara, observé y esperé a que los sacaran, deseando y rezando para que alguien los reanimara y los salvara. Me dijeron que la ambulancia estaba en camino para llevarlos al hospital. Me dijeron que se pondrían bien. Me lo dijeron, me lo dijeron, pero nunca ocurrió.

Tal vez una persona se ponga bien, si no todas. Todo esto acabará pronto, me aseguré. *Puede que tengamos que pasar algunas noches en el hospital, pero lo conseguiremos*. La muerte NUNCA se me pasó por la cabeza.

No había ninguna ambulancia a la vista. No vino nadie. Yo había llegado unos 10 o 15 minutos después de que les golpearan, y la ambulancia llegó quizá diez minutos

Live!

después de que yo llegara. Nadie vino a rescatarlos. Me pregunté si habría sido mejor que llegaran antes.

Como madre y esposa, me quedé esperando tener la oportunidad de cuidar y amar a mi familia más tarde. Hice lo único que sabía hacer y fue orar. Cuando no sabes qué hacer, haces lo que sabes hacer. Recé en el Espíritu Santo porque no sabía qué decir. Eso era todo lo que salía de mi boca.

"Y de igual manera el Espíritu nos ayuda en nuestra debilidad; pues qué hemos de pedir como conviene, no lo sabemos, pero el Espíritu mismo intercede por nosotros con gemidos indecibles", nos dice Romanos 8:26.

Allí estaba yo, orando en el Espíritu Santo, y de pie con lágrimas en los ojos, fluyendo por mi rostro. Todavía esperaba y oraba para que los socorristas llevaran a mi familia al hospital para que yo pudiera verlos. Oré para poder abrazarlos y besarlos y decirles que todo estaría bien.

¡Deprisa, gente, deprisa! Pensé: *"¡Mi familia los necesita! ¿Dónde están los refuerzos médicos? ¿Quién vendrá a salvarlos?* Me quedé mirando el camión en las vías y esperé.

Y esperé.

Y esperé.

Por fin llegó la ambulancia, sacó a mi marido y lo dejó en el suelo. Pensé: *"Esto no puede ser bueno, pero ya que lo sacaron, ahora pueden ir al hospital y recibir atención. Se pondrán bien.* Pero no fue así.

Instantes después, el jefe de policía se presentó ante mí y me dijo: "¡Lo siento, señora, pero su marido y su hijo han desaparecido!".

Pensé: *"¿Dónde está mi bebé?* Otro agente lo hizo a un lado y lo corrigió. Dijo que había dos niños. El jefe se corrigió entonces. Pensé por un segundo que habían perdido a mi bebé o que había salido despedido del camión y no lo encontraban.

A día de hoy, no lo tengo claro porque nunca volví a preguntar. Me imagino tener que dar esa noticia a alguien, pero en ese momento sentí como si me arrancaran el corazón del pecho. Sentí que la vida abandonaba mi cuerpo. No podía creerlo. ¡No me lo creía! Quería ir a buscar a mis bebés, pero no me dejaron. No tenía corazón. Estaba rota. Estaba confundida. Estaba vacía. Estaba muerta.

Estaba perplejo. No tenía palabras. No podía hablar. Estaba de pie, haciendo preguntas, pero yo no podía responder. Mi tía estaba allí, y respondió a las preguntas por mí. Me sentía como si hubiera muerto. Mis bebés se habían ido. Mi marido se había ido. Todo lo que tenía se había ido. No estaba preparada para ello y no pensé que me pasaría esto, pero así fue.

Al final me di cuenta de que no podía salvarlos. No podía identificarlos. No me dejaban verlos, pero sabía que no me iría hasta saber que mis bebés estaban fuera de esa pista y a salvo.

Permanecí de pie, mientras la gente se reunía: la comunidad, el canal de noticias, mi familia, todo el mundo. La funeraria vino, y eso me alivió un poco. Lloré durante horas y horas y horas. Todo lo que podía pensar era que mi familia se había ido. Ellos eran mi todo y todo lo que tenía. Estaba tan agradecida por tener una familia cariñosa, amigos y una comunidad que oraba por mí cuando yo no podía orar por mí misma.

Esa noche, antes de acostarme, oré y le pedí a Dios que me cubriera y me permitiera descansar. Pienso que fue muy traumático para mí estar en otro mundo. *¿Estaba en la tierra?* No lo sé. Sabía que no tenía a mis bebés y me dolía. Mi madre no me dejaba ir a casa, así que me quedé en su casa, pero Dios me permitió descansar.

Puntos a considerar

1 - ¿Cuáles son las cosas que tienes en tu corazón y que no quieres perder?

_____

_____

_____

2 - ¿Qué has perdido que es difícil de aceptar?

_____

_____

_____

3 - Si hoy ocurriera algo traumático o trágico, ¿podrías estar en paz?

_____

_____

_____

Meditación

Destrozada pero sanada

---◆---

No moriré, sino que viviré,
Y contaré las obras de JAH.

— Salmos 118:17

Todavía pensaba que mi situación no era real y que no podía estar pasando.

¿Estoy soñando? Dios se equivocó, ¿verdad? ¿Tal vez la policía debería volver a comprobarlo? Esto no puede ser real. ¡Esta no es mi vida! ¡Esta no es mi familia! Que alguien me despierte de este horrible sueño. Entonces pensé: ¿Podría haberme preparado para esto? ¿Qué podría haber hecho diferente esa mañana?

Me puse a reflexionar sobre mi vida y mis "buenas acciones". Acudo a la iglesia todos los domingos. Doy mis

Live!

diezmos y ofrendas. Soy leal a mi marido y soy la mejor madre que este mundo puede ofrecer, así que ¿por qué yo, Dios? ¡Esto no puede pasarme a mí! Cuando te digo, nunca había sentido un dolor así en mi vida; era insoportable e impensable.

Me sentí amargada, rota, herida y traicionada.

¿Por qué Dios había permitido que me sucediera esto? Era como si alguien hubiera metido la mano en mi cavidad torácica y me hubiera arrancado el corazón. Mi familia lo era todo y ahora, en una fracción de segundo, ya no estaba aquí.

Cuando éramos niños, los mayores nos decían que no cuestionáramos a Dios, y estoy seguro de que tú has oído lo mismo. Cuando estás pasando por cosas en la vida y no puedes encontrar las respuestas en ningún sitio, no tienes más remedio que cuestionar o hablar con Él sobre ello. ¿Con quién más puedes hablar? Creo que a Dios le parece bien, bueno, *sé* que a Dios le parece bien que lo cuestionemos para entender mejor por qué suceden las cosas en nuestra vida. Él desea tener una relación con nosotros.

El día después del accidente, estaba tumbada en el sofá de la casa de mi madre. Lloraba tanto que me dolía el pecho y no podía respirar. Lloraba y lloraba tanto que me faltaba el aire. En momentos como este, la familia no puede consolarte porque ellos mismos están incrédulos y llorando, así que no tienes a nadie a quien recurrir más que a Dios.

No me malinterpreten; mi familia estuvo ahí en todo momento, pero hay algunos vacíos que el hombre no puede llenar. Le pregunté a Dios: "¿Qué hago? ¿Cómo viviré mi vida sin mi familia?".

Todo aquello por lo que vivía me había sido arrebatado. No tenía nada. Mi rutina diaria era dejar a los niños en la escuela, ir a trabajar y volver a casa, y ser esposa y madre. *Dios, ¿qué hago ahora? ¿Cómo puedo seguir con mi vida?*

Me quedé en silencio y Dios me habló con una voz tranquila y silenciosa y me dijo: "Ellos están bien y tú estarás bien".

Entonces, dije: "Dios, ¿qué haré sin ellos?".

Esa voz tranquila y silenciosa dijo: "¡VIVE!"

¿Qué? ¿Vivir? ¿Cómo? Eso no es posible. Ya estoy viviendo.

Lo dijo de nuevo: "¡VIVE!".

Yo me levanté del sofá, me sequé los ojos, sonreí y salí a la calle. Cuando estás pasando, todo el mundo dice que lo entiende, y que "todo irá bien", pero cuando lo escuchas de Dios, ¡es cuando tiene sustancia! Es entonces cuando sabes que es real y que nadie puede quitártelo.

Live!

Después de que Él habló, me sentí en paz. Eso puede sonar extraño para algunos, pero sabía que Dios estaba conmigo y me cubría. Aunque tenía el corazón roto, reconocí que Dios es soberano y que no comete errores.

Llegó el momento de preparar la celebración de su funeral. La visita a la funeraria fue irreal. Desde la fecha del accidente, había ido probablemente de tres a cuatro o quizás hasta cinco veces con mi madre, y no fue fácil.

Visitando la funeraria antes de la semana del funeral, estaba bien. El hecho de saber que estaban cerca, pero que no estaban enterrados, me dio cierta sensación de alivio porque sabía que podría volver a verlos.

Antes de ir cada vez, siempre oraba y pedía a Dios que me diera fuerzas. Solo con el poder del Espíritu Santo lo conseguí. Mi familia me ayudó a preparar el atuendo y los programas. No podría haberlo hecho sola.

La mañana del funeral fue un reto. No quería ir. Me sentía vacía. Esta sería la última vez que los vería. No habría más visitas a la funeraria; esto era todo.

Estaba destrozada y no creía que fuera a superar el día. Recuerdo haber desayunado, rezar y arrastrar los pies para vestirme. Supe que había que hacerlo, pero no quería hacerlo.

No quería un funeral tradicional. Quería que fuera una celebración. Quería que cantáramos, bailáramos y gritáramos porque todos ellos estaban llenos de vida y disfrutaban de su vida al máximo. Y sí, ¡lo celebramos!

Fue la mejor celebración de despedida a la que he asistido. No fue triste en absoluto. ¡Entramos y alabamos a Dios!

Sabía en mi corazón que mi familia habría querido eso; ¿cómo me atrevía a no dárselo? Nadie pudo verlo, pero le puse las botas favoritas de mi hija, y también puse el juguete favorito de mi hijo en el ataúd. Quería que se fueran con los objetos que más querían.

Aunque me enfrenté a la confusión con algunas personas, hice lo que sabía que mi familia hubiera querido que hiciera. No se puede pensar que la gente sea tan malvada o tenga un corazón tan frío en momentos de tragedia, pero así fue. Me sorprendió su comportamiento, pero también doy gracias a Dios por ello.

Mi esposo y mis hijos siempre fueron personas positivas y cariñosas. Siempre veían lo mejor de las personas, incluso cuando tenían formas perversas. Habría sido un flaco favor para ellos si no hubiera hecho lo correcto para su celebración.

Escuchar a Dios nos asegura que todo será bueno, y nadie puede quitarnos eso. Oír de Dios no significa que todo vaya a ser estupendo, pero te garantizo que todo irá bien.

Aunque recibí esa Palabra de Dios, todavía sentía que algo no cuadraba. Pensaba que porque Dios había hablado, no

Live!

tendría que enfrentarme a la angustia, la decepción, la agonía, la negación y el shock. Creo que por un momento pensé que era invencible.

Me equivoqué. Verás, seguimos siendo seres humanos y eso conlleva sentimientos y emociones. Todavía tenía que enfrentarme a esos sentimientos y el primero era la negación.

Negación significa que te niegas a creer algo y te sientes aislado por lo que ha pasado. Sé que Dios no comete errores, pero me sentí traicionada y aislada. No podía creerlo. Todavía estaba en shock total. Me sentía sola.

Era una mujer normal y corriente que amaba a su familia. Era la típica chica buena. Así que no podía entender por qué tenía que pasarme a mí. Empecé a culparme a mí misma. Me preguntaba si había hecho algo para provocarlo.

Mi cuerpo estaba entumecido. Oía y veía entrar y salir a los visitantes, pero no oía ni veía a nadie. Mis emociones y sentimientos estaban muertos. Vinieron amigos y familiares a la casa, pero los recuerdo vagamente. Yo estaba allí e interactuaba con ellos, pero mentalmente era un zombi. Estaba perdido. Estaba solo. Tenía el corazón roto. Lo único que oía era esa voz que decía: "¡VIVE!".

Aunque tenía a mi madre y a mis amigos cerca, no tenía a mi equipo, el equipo #TeamAllen. Me faltaban partes de mí que nadie más podía sentir. Me faltaban partes que nunca supe que podían abandonarme.

A medida que pasaban los días y las semanas, me desanimaba. Cada vez que sentía que me hundía, escuchaba: "¡Vive!". ¿No es increíble cómo empezamos a sentir que no hay esperanza para nosotros, pero Dios dice una Palabra? ¡Él es A-SOMBROSO!

Cuanto más lo escuchaba, más fuerza ganaba, mejor me sentía, ¡y más sentía la vida en mi cuerpo!

Aunque sabía que estaría triste, no quería llegar al punto de caer en la depresión. Siempre que estaba triste, oraba y le pedía a Dios que me diera fuerzas para seguir adelante. Soy ministro y salmista, así que se podría pensar que cogería la Biblia y la leería para alimentar mi espíritu, ya sabes, para darme esperanza.

Pero no fue así. Estaba en un punto en el que no podía hacerlo. Ni siquiera podía orar. Me alegro de que otros oraran por mí. Lo único que podía hacer era comer, dormir, cantar y, en medio de todo, seguía invocando a Jesús. Si no sabía hacer nada más, podía hacer eso, y no tardó ni un año en restaurarme.

Sabía que Dios estaba conmigo, pero no podía explicárselo a los demás. Me acuerdo de que la gente se acercaba a mí y empezaba a llorar y yo sonreía porque sabía que Dios me tenía cubierta. Me sentía como si Dios me tuviera en una burbuja. Yo lo llamaba "llorar en el

Live!

Espíritu Santo". ¡Sonríe! Lo único que sabía hacer era orar y alabarle.

No quería llorar día tras día porque sabía que si me hubiera permitido llegar a eso, podría haber caído fácilmente en una depresión, y no quería eso para mi vida. Sabía que mi familia tampoco lo querría para mí. Recuerdo haberle dicho a Dios: "Ese mismo Espíritu Santo del que predico y canto, necesito que se active inmediatamente en mi vida y me dé fuerza".

Necesitaba que Él se mostrara poderoso. Sí, algunas noches lloraba, pero ponía *You are My Strength* (Tú eres mi fuerza) de William Murphy y Jesús me acunaba hasta que me dormía. Oh, qué bendición es estar envuelto en los brazos de Jesús y permitirle que te consuele cuando estás pasando por algo.

Puntos a considerar

1 - ¿Qué te ha dicho Dios?

_____

_____

_____

2 - ¿Qué es lo que niegas?

_____

_____

_____

3 - ¿Estás listo para ser sanado?

_____

_____

_____

Meditación

Resentimiento y Shock

Quítense de vosotros toda amargura, enojo, ira, gritería y maledicencia, y toda malicia.

— *Efesios 4:31*

A medida que avanzaba el tiempo, empecé a asistir a la iglesia de nuevo. Puede que solo haya faltado uno o dos domingos. Aunque estaba sufriendo, Él seguía mereciendo mi alabanza y adoración. Así es como sabes que Dios está contigo cuando estás pasando por ello, y todavía tienes el corazón y la mente para darle lo mejor.

La iglesia estuvo muy bien durante un par de semanas. Era la norma. Luego, todo cambió. En todos los lugares a los que iba, ya sea en la iglesia o en la radio, había alguien que

Live!

decía: "¡Alábale porque está a punto de cambiar las cosas para tu familia!".

Yo tenía una actitud indiferente y decía: "¿Para qué? ¡Yo no tengo familia! No voy a alabar a Dios por una familia que no tengo y no voy a alabarlo por la de otra persona. ¿Sabes qué? Permaneceré callada y no abriré la boca porque Dios se llevó a mi familia. No tengo que decir una palabra". ¡Guau!

No me di cuenta en ese momento, pero el enemigo se infiltró y comenzó a crear resentimiento en mi corazón hacia Dios. El mismo Dios que yo decía que era soberano y merecedor de alabanza. Ese mismo Dios que había hablado y me había dicho que viviera. El mismo Dios que yo reconocía como Dios. El mismo Dios que envió al Espíritu Santo para consolarme en mi momento de necesidad. Siempre que escuchaba algo sobre la familia, fruncía el ceño. No quería oír nada sobre una familia.

No solo estaba siendo rebelde en mi adoración, sino que todavía estaba sorprendida. Aquí estaba, tres meses después, y todavía estaba en shock. Sí, fue un accidente muy traumático, y no podía creer que Dios permitiera que eso me sucediera. ¿Yo? Soy la chica buena de la iglesia, pero Dios tenía otros planes.

Quiero ser la primera en decirles que fue muy egoísta de mi parte. Eso no estaba bien y no era agradable a los ojos de Dios. Cuando Dios me reveló cómo estaba pensando y reaccionando, inmediatamente me arrepentí ante Dios por mis tonterías y le pedí perdón. Así que no ignores a Dios cuando Él te enseñe, a ti. Todo forma parte del proceso de purificación.

¿Cómo me atrevo a actuar así con Aquel que me dio la vida? ¿Cómo me atrevo a actuar así con Aquel que me da aliento para seguir despertando cada mañana? ¿Cómo me atrevo a actuar así con Aquel que me ha permitido seguir en mi sano juicio? Me enfadé conmigo misma, al saber que incluso pensaba así.

¿Y si hubiera sido yo la del accidente de tren? Dios me perdonó la vida, y yo estaba siendo egoísta. Me dejó aquí, así que sé que mi propósito no se había cumplido. Por favor, no me malinterpreten. Amo a mi familia y no estoy diciendo que no tenían un propósito, pero Dios tiene su perfecta voluntad, y debe ir como Él planea.

Estando devastada y con el corazón roto, sabía que tenía que vivir para ellos y para mí misma, así que empecé a preguntarme y a pensar, ¿cuál es mi propósito?

El enemigo ha tratado de poner otros pensamientos en mi mente también, para ir en contra de Dios. Cuando lo reconozco, lo desecho. Oro y le pido a Dios que elimine esos pensamientos que no son de Él. Dios tuvo que realizar una cirugía espiritual en mí para renovar mi corazón y mi mente. Mis pensamientos no eran de Dios.

Live!

Estaba destrozada, pero sanada. Estaba resentida con Dios, ¡pero Él restauró mi mente!

¡VIVE! ¡VIVE! ¡VIVE!

Puntos a considerar

1 - ¿Qué rencores guardas en tu corazón por lo que Dios ha hecho?

_____

_____

_____

2 - ¿Estás dispuesto a dejarte guiar por el Espíritu Santo?

_____

_____

_____

3 - ¿Sientes que puedes perdonar y seguir adelante?

_____

_____

_____

Meditación

Saliendo de Lodebar

---◆---

Dios redimirá su alma para que no pase al sepulcro,
Y su vida se verá en luz.

– Job 33:28

La situación se puso difícil durante las fiestas, especialmente la Navidad de 2016. A comienzos de la semana, no quería que me molestaran. No quería salir de mi casa. Quería quedarme en la cama y esconderme bajo mis sábanas todo el día.

La Navidad es una fiesta familiar, y mis bebés se despertaban, abrían sus regalos y jugaban. El hecho de ver las sonrisas en sus caras cuando les has alegrado el día no tiene precio. Padres, ustedes conocen esa sensación, pero yo ya no tenía esa ilusión.

Live!

Decidí que no iba a llamar ni visitar a nadie. Quería estar sola. ¡Ja! Estaba planeando todo esto en mi mente. Me dije a mí misma que tendría un día miserable.

¿Qué tan loco es eso? ¿Pero no es increíble cómo Dios interviene justo cuando lo necesitas? Quería hacer una cosa, pero Su plan era otro. Diría que a mediados de la semana, empecé a sentirme renovada y viva y mi mentalidad cambió.

Ahora ya no quería estar sola, sino que quería pasar la Navidad con mi familia, con las personas que amaba. Aunque no tenía a mi familia inmediata, tenía otras familias a las que amar. ¿Cómo me atrevía a no apreciar esos momentos con ellos? Logré sobrevivir a las Navidades con una sonrisa.

Cuando llegaron los cumpleaños y otras fiestas, decidí adoptar un enfoque diferente. En lugar de entristecerme y aislarme de los demás, decidí hacer algo para ser feliz. Decidí redirigir mis pensamientos. No quería estar deprimida, repitiendo ese día en mi mente, pensando en el funeral, o pensando en ellos y poniéndome a llorar. Quería vivir. Quería romper ese ciclo sobre mi vida, y quiero romperlo sobre la tuya también.

Te animo y te reto a que desvíes tus sentimientos. Veo que mucha gente publica en las redes sociales sobre el aniversario de la muerte de alguien. ¿Por qué hacer eso? No repitas el día en que se fueron o el día del funeral, sacando fotos de hace 10 años. Sabía que mi familia querría que fuera feliz y amara la vida, y estoy seguro de que tu ser querido querría lo mismo. ¡Haz algo por ti mismo! Consiéntete a ti mismo. Te prometo que te sentirás mejor.

Sé que es difícil en esos momentos, pero ya no estarás triste ni deprimido. Tendrás una vida abundante y harás lo que Dios te ha llamado a hacer. ¡Todavía estás aquí con un propósito! ¡Camina hacia lo que Dios te ha llamado a hacer! Está bien que te pongas triste, pero no te quedes en Lo-debar para siempre.

Según la Biblia, Lodebar significa un lugar sin nada: sin pastos, sin palabras y sin comunicación. ¿Por qué habrías de habitar en un lugar de nada, cuando tienes vida y la tienes en abundancia? Sal de Lodebar y ven a la tierra del bien.

¡Dile a esos huesos secos y pensamientos muertos que VIVAN! Tú tienes el poder de decir eso sobre ti mismo. No fue tu culpa que perdieras a alguien querido en tu corazón. Dios es soberano y tiene un plan. Dale gracias a Dios por el tiempo que te bendijo con ese ser querido. Todos nosotros tenemos que volver a Él un día. La vida no es eterna. Hoy, ¡tú vivirás y no morirás y declararás las obras del Señor!

Puntos a considerar

1 - ¿Quién o qué te mantiene en la esclavitud?

_____

_____

_____

2 - ¿Estás preparado para vivir una vida abundante?

_____

_____

_____

3 - ¿Cómo vas a permitir que Dios se salga con la suya en tu vida?

_____

_____

_____

Meditación

La protección de Dios

◆

Ninguna arma forjada contra ti prosperará, y condenarás toda lengua que se levante contra ti en juicio. Esta es la herencia de los siervos de Jehová, y su salvación de mí vendrá, dijo Jehová.

— Isaías 54:17

Siempre he tenido sueños y visiones, pero al principio no los entendía del todo. Era incapaz de entender por qué veía cosas y luego desaparecían, o soñaba algo y sucedía. Es algo que no me enseñaron en mi educación, así que no tenía ni idea de lo que era ni de qué hacer al respecto.

A mi bebé le diagnosticaron anemia de células falciformes en el útero. Esto me aterrorizó como madre soltera primeriza. Hice las pruebas necesarias para asegurarme de que el médico estaba en lo cierto, y todo me llevaba a pensar que la tendría. Aunque todavía tenía la esperanza de que no la tuviera, la tuvo.

Como madre primeriza, no sabía cómo aceptarlo. Lo único que sabía era que no quería un bebé enfermo. Durante el embarazo, todos los días, de camino a la escuela, me ponía las manos en el estómago y oraba. Pedía su curación y la protección de Dios sobre nosotros, para que me ayudara a ser la madre que necesitaría para mantenerla.

Empecé a investigar sobre esta enfermedad para saber más. Se dice que una persona con anemia falciforme tiene episodios de dolor, hinchazón de manos y pies, derrames cerebrales, hospitalización durante largos períodos y transfusiones de sangre. Fue una noticia horrible. Quería lo mejor para mi hija, y quería que tuviera y viviera una vida sana.

Seguí orando y Dios me dijo que se pondría bien. En sus siete años de vida, mi bebé nunca fue hospitalizada por una crisis de células falciformes, nunca tuvo una transfusión de sangre, ni un derrame cerebral, ni nada. ¡Dios nos tenía cubiertos!

Antes de que cumpliera un año, soñé que no viviría más allá de esa edad. No recuerdo el sueño en detalle, pero sí los resultados. Le diagnosticaron anemia de células falciformes, así que pensé que esa sería la razón.

Live!

Después de ese sueño, empecé a orar y a pedirle a Dios que me permitiera conservarla. No quería perder a mi bebé. Entonces me di cuenta de que estaba siendo egoísta. Le dije a Dios que si tenía que llevársela, estaría bien porque sabía que Él me daría la fuerza necesaria para salir adelante.

Llegó el primer cumpleaños de mi hija y todavía estaba conmigo. Estaba en ascuas. Estaba muy nerviosa, no es broma, porque mis sueños y visiones anteriores se habían hecho realidad. Cumpleaños tras cumpleaños, siete años después, ella seguía conmigo.

Los ancianos solían decir: *"Si sueñas con una niña, será un niño. Si sueñas con un hombre, será una mujer"*.

No sé hasta qué punto eso es o puede ser cierto, pero ¿acaso no tenían una forma de plantear las cosas? Ella estuvo conmigo todos esos años y me sentí verdaderamente agradecido de que no se la llevara.

Unos tres días después del accidente, Dios me recordó el sueño.

Me reí y dije: "¡Está bien, Señor!". El sueño que tenía era que se llevaban a mi primogénito con un año de edad, pero en el momento del accidente, mi segundo hijo tenía un año. Así que Dios me había preparado para el día en que los perdí, ¡hace siete años!

¿No es increíble cómo Dios no permite que las cosas se te escapen? Todavía me asombra eso. Cuando tienes el Espíritu Santo, nada es un misterio para ti. Para algunos, eso puede parecer extraño, y puede ser un poco exagerado, sin embargo, quiero que sepan que Dios tiene su mejor interés en el corazón, y nos hace conscientes de las cosas.

Si Dios no me hubiera preparado en aquel momento y me lo hubiera recordado, no sé cómo habría reaccionado cuando ocurrió el accidente.

No sé cuánto puedo destacar la bondad y la fidelidad de mi Dios. ¡Él es impresionante! Dios me avisó hace ocho años de lo que ocurriría ocho años después. ¡Asombroso! Él no es un hombre que deba mentir, así que tenía que cumplir su palabra. Estoy agradecido de que no tuve que ser ingresado en ningún sitio ni tomar ninguna medicación. Él cuida de los suyos.

Dios te avisa de algunas cosas que van a suceder en tu vida. En 2008, Él estaba preparando mi mente para lo que sucedería en 2016. Sí, todavía me dolía, pero como sabía lo que Él ya me había mostrado, inmediatamente supe que me estaba protegiendo. Eso me dio un poco más de esperanza, fe y valor para seguir adelante.

No estoy seguro de su creencia, pero Dios es impresionante. Él te preparará para las cosas cuando menos lo esperes. No ignores lo que Dios te muestra. Ya

Live!

sea bueno o malo, ora y pídele Su guía sobre qué hacer y cómo manejarlo. Él es omnisciente y extraordinario y está listo para protegerte a través de cualquier tormenta que puedas atravesar.

Puntos a considerar

1 - ¿Te ha mostrado Dios algo y se ha hecho realidad?

_____

_____

_____

2 - ¿Sientes que Dios te ha protegido?

_____

_____

_____

3 - Cuando Dios te da una visión o un sueño, ¿qué haces con él?

_____

_____

_____

Meditación

La vida después de la muerte

◆

No que lo haya alcanzado ya, ni que ya sea perfecto; sino que prosigo, por ver si logro asir aquello para lo cual fui también asido por Cristo Jesús. Hermanos, yo mismo no pretendo haberlo ya alcanzado; pero una cosa hago: olvidando ciertamente lo que queda atrás, y extendiéndome a lo que está delante

– Filipenses 3:14

Nosotros superamos estos trágicos acontecimientos y afrontamos el funeral, pero todavía hay vida después de la muerte. Cuando se acaban las llamadas y la gente deja de visitarnos, ¿qué hacemos? Cuando todo termina y te enfrentas a la realidad -el hecho de que no volverás a ver a tu ser querido- es cuando te golpea con fuerza. Debemos buscar en lo más

Live!

profundo de nosotros mismos para encontrar ese lugar con Dios que nos ayude a empezar a funcionar como debemos.

Puede que te sientas igual que yo. Cuando quieras sentirte solo, y Dios esté tratando de mejorarlo, no tengas una fiesta de lástima. Despréndete de ti mismo.

Despréndete de la esclavitud. Libérate del dolor. Despréndete de la angustia. Despréndete de la agonía y el estrés. Despréndete de la traición y ¡VIVE! Eso es lo que nuestro Padre requiere de nosotros.

Todos estamos aquí con tiempo prestado. Cuando alguien nos deja, todo está en el plan y el tiempo de Dios. Por eso he elegido vivir cada día como si fuera mi último día. Una cosa que me emociona es que mi familia fue salvada. Todos ellos ocupan un lugar especial en el corazón de Jesús. Es un sentimiento impresionante saber que los dirigí en la dirección correcta en su tiempo aquí en la tierra. Los amé y pasé tiempo con ellos, así que no me arrepiento. Sé que mis amores descansan y que un día nos volveremos a encontrar.

Para la familia que te queda, ¿cómo vas a influir en sus vidas? La salvación es gratuita para quien la reciba. El amor es gratis. Ser amable es gratis. Sonreír es gratis. Cuando Dios te llame a casa, ¿estarás preparado? ¿Estás salvado? ¿Está tu familia salvada? Centrémonos en nuestro propósito de por qué Dios nos dejó aquí.

Un par de meses después del accidente, un día me puse muy triste. Estaba llorando y gritando a todo pulmón. Fue entonces cuando clamé a Dios, preguntándole, ¿por qué? Estaba conduciendo y casi tuve un accidente. Y entonces, el enemigo comenzó a jugar con mi mente. Empecé a preguntarme, *¿Por qué no morir? Mi familia se ha ido. No tengo nada por lo que vivir.*

Pensé que si moría ese día, podría estar con mi familia y podríamos estar juntos de nuevo. Inmediatamente, oí a mi bebé decir: "¡Mamá, no es tu momento! Tienes un propósito". Todo lo que pude hacer fue llorar.

¿Por qué Dios se llevó a mi familia y me dejó aquí? ¿Por qué Dios se llevó a tu mamá, papá, hermana o hermano y te dejó aquí? ¿Para qué has sido ordenado? Sé que he preguntado eso un par de veces, pero necesito que lo pienses. Sé que Dios es soberano y tiene el poder de hacer lo que quiere, pero también soy consciente de que su plan debe cumplirse.

No te enojes con Dios cuando las cosas suceden en tu vida. Él es Dios y sabe lo que es mejor para ti. Somos tan especiales para Él que incluso cuando nos equivocamos, sus promesas siguen siendo las mismas hacia nosotros. Recuerda: Él te creó, y ya sabe lo que va a pasar en tu vida antes de que ocurra.

Después del accidente, comienzo a buscar el rostro de Dios, preguntándole: "¿Qué debo hacer?". Es increíble cómo Dios utiliza las cosas para llamar nuestra atención. Pequeñas señales, números, o cualquier otra cosa para confirmar lo que Él ya ha hablado.

Cuando Dios te habla y te guía a hacer algo, debes confiar en Él y tomarle la palabra. Números 23:19 dice: *"Dios no es hombre, para que mienta, Ni hijo de hombre para que se arrepienta. Él dijo, ¿y no hará? Habló, ¿y no lo ejecutará?"*.

A veces la gente me hablaba y repetía lo mismo que Dios había dicho. Sé cuidadoso, porque algunas personas te dirán lo que ellos quieren que sepas, y no Dios. Puedes estar tranquilo, sabiendo que es Él por estar de acuerdo con Su Palabra y con lo que Él ya te ha dicho.

Cuando es Dios, no tienes otra opción que aceptar lo que Él está diciendo y comenzar a caminar en él. Él se asegurará de hacer llegar la Palabra a usted. A veces queremos ignorarlo, pero Él siempre enviará un recordatorio.

Para moverse o seguir adelante después del proceso, habrá algunas pruebas de su fe. Me acuerdo de cuando la serpiente tentó a Eva en la Biblia. Aunque Dios le dio la orden a Adán, el enemigo aún vino a arrebatarle lo que Dios dijo.

Puede parecer que las personas en las que más confiabas te traicionarán, pero mantén el rumbo. Dios sigue trabajando. Así es como yo lo veo, cuando estamos siendo probados o pasando por pruebas, especialmente cuando sabes que estás en el camino correcto, el enemigo sale a robar lo que Dios ha puesto en ti.

A veces puedes ceder y desviarte del camino por un tiempo, pero asegúrate de volver al camino correcto. Todos cometemos errores. No puedo decirte que siempre lo he hecho bien. El enemigo enviará distracciones.

La Biblia dice, en Proverbios 24:16, *Porque siete veces cae el justo, y vuelve a levantarse; Mas los impíos caerán en el mal.* Cuando me desenfocaba y quería hacer las cosas por mi cuenta, sin buscar la guía de Dios, mi GPS espiritual decía: "¡RETIRADA!".

Me puedo reír de ello ahora porque me alegro de haber dado esa vuelta en U y haber regresado a Él. No te distraigas con las distracciones. Esa es una batalla que se libra entre tu mente y tu corazón. Quieres hacer las cosas correctas (corazón), pero también quieres hacer lo que quieres hacer (mente). Elige seguir tu corazón.

Sé que estás sufriendo o pasando por momentos difíciles, pero eso no significa que tus emociones desaparezcan. Sin embargo, todo es mejor con Dios. Al final, seguimos siendo humanos y experimentaremos todas las emociones posibles.

Han pasado años desde el accidente. Todavía hay momentos en los que pienso en mi familia y me pongo triste. Puedo llorar, pero no me permito quedarme en ese lugar. Si te quedas demasiado tiempo en un lugar, puedes

Live!

quedarte estancado. Tampoco quiero pasar el resto de mi vida deprimida e infeliz. Estoy seguro de que tus familiares tampoco quieren que lo hagas.

Decide, este día, que no te permitirás estar triste y caer en la depresión. Vivirás la vida que Dios tiene para ti y la vivirás en abundancia. Soy un firme creyente de que si Dios te lleva a ello, Él te verá a través de ello.

Él tiene un plan para nosotros. ¡No sé ustedes, pero en 2016, decidí VIVIR! Sí, ha sido un reto, pero no voy a renunciar a la promesa. Me estoy apoyando en la Palabra de Dios y voy en busca de todo lo que Él tiene para mí. Al final del día, ¡todo es para Su gloria! No pienses en tu próximo movimiento; ¡declara y decreta hoy que vas a VIVIR!

Me gustaría animarte a caminar por fe y a confiar en Dios. Avanzar será un reto, pero valdrá la pena. Es necesario. Mi abuela solía decirme todo el tiempo: "Mientras hagas tu parte, el resto caerá en su lugar y tendrás estrellas en tu corona". Me acuerdo de eso y he vivido según ello durante más de 12 años.

Cuando haces lo correcto, Dios se complace. Cuando te metes en la carne, Dios no está complacido. Supera el dolor de todo el daño, la decepción y la traición, y sigue adelante.

Dios sigue ahí y está de tu lado. Me he dado cuenta de que *soy una generación elegida, un sacerdocio real, una nación santa, su propio pueblo especial, que proclamará las alabanzas de Aquel que me llamó de las tinieblas a su luz maravillosa,* como se dice en 1 Pedro 2:9. Esto es muy cliché, pero si Dios te lleva a ello, Él te llevará a través de ello.

¡Hoy es tu día! ¡Eres libre! ¡Estás sanado! ¡Estás liberado! ¡Ya no te molestará el estrés y la angustia! ¡No más miedo! ¡No más preocupaciones! ¡Hoy es tu día de victoria! Estoy decretando que darás un paso en la fe y harás lo que Dios te ha ordenado hacer. ¡Bienvenido a una nueva vida! ¡Mantente animado! ¡Viiiiiiive!

Puntos a considerar

1 - ¿Qué es lo que Dios te habla o te dice que hagas, pero tienes miedo de hacerlo?

_____

_____

_____

2 - De cara al futuro, ¿cuáles son las cosas (o personas) que necesitas dejar ir o perdonar?

_____

_____

_____

3 - ¿Estás preparado para VIVIR?

_____

_____

_____

Meditación

Oración

Padre, te agradezco la oportunidad de poder compartir mi historia con otros en todo el mundo. Ruego que lo que sea que los mantiene en esclavitud, sea desatado y liberado de ello en este mismo día. Toca y sana como solo Tú puedes hacerlo. Elimina la duda, el miedo, la ansiedad y la depresión que puedan estar experimentando y que les haga perderte.

Deja libres sus mentes y sus corazones para que puedan vivir para Ti desde un lugar puro. Restaura sus mentes. Dales la paz que sobrepasa todo entendimiento. Dales el conocimiento, la sabiduría y el entendimiento para que sepan que Tú no cometes errores y que Tú eres Dios.

Sana sus corazones para que puedan estar ahí para sus hijos y su familia, pero sobre todo, para ellos mismos. Toca también a las familias. Hazles saber que Tú estás a cargo. Abre sus oídos para que escuchen cosas positivas y reciban de Ti.

Señor, si alguien no es salvo, te ruego que te haya aceptado en su vida. Te ruego que sepan y se den cuenta de que es imposible pasar por las cosas y no tenerte de su lado.

Sana, como solo Tú puedes hacerlo. Libera, como solo Tú puedes hacerlo. Libera, como solo Tú puedes, y te daremos la gloria por ello. Te damos las gracias y te alabamos por adelantado porque son sanados y liberados. Creemos que ya está hecho en el nombre de Jesús, AMÉN

Acerca de la autora

Cuando sientes que tu única esperanza es morir, pero Dios viene y dice una palabra y te dice: "Vive", ¡te aferras a esas palabras de por vida!

Me llamo Arletha Orr. Sé de primera mano lo que se siente al morir mentalmente y resucitar con Cristo. Un evento traumático sucedió en mi vida, y sé que Dios está operando a través de mí para ayudar a otros. Solo soy una mujer del campo en el estado de Mississippi que disfruta adorando a Dios, viajando y sirviendo a otros.

Soy una autora que te llevará en un viaje de cómo Dios me llevó a través de los tiempos más difíciles de mi vida a la victoria. Soy una ministra y coach de vida certificada. Mi meta en la vida es ayudar a otros, vivir una vida agradable a Dios, y ayudar a salvar almas para Su Reino. No se trata de mí, ¡sino de rescatar a las personas para el Reino de Dios!

— Mantente conectado —

Email: hello@arlethaorr.com
Sitio web: www.arlethaorr.com
Facebook: Author Arletha Orr
Instagram: @arlethaorr

www.ingramcontent.com/pod-product-compliance
Lightning Source LLC
Chambersburg PA
CBHW030915080526
44589CB00010B/312